Standard Deutsch 9/10

Leseheft · *Alltag und Beruf*

Erarbeitet von Regina Esser-Palm

Illustriert von Kai Hofmann und
Jutta Melsheimer

Cornelsen

Textquellenverzeichnis

S.4 f.: Aus: Tkotsch, Sarah und Bögel, Wilma: Ich bin dagegen und das aus Prinzip. Überlebenstipps für die Pubertät. Berlin: Schwarzkopf & Schwarzkopf, 2011, S.150 f. **S.6 f.:** Aus: Tkotsch, Sarah und Bögel, Wilma: ebd., S.162 f. **S.8:** Informationen nach: Bühler, Anneke und Heppekausen, Kathrin: Gesundheitsförderung durch Lebenskompetenzprogramme in Deutschland. Köln: Bundeszentrale für gesundheitliche Aufklärung (BzgA), 2005, S.16 ff. **S.9:** Ausländer, Rose: Nicht fertig werden. Aus: Gesammelte Gedichte. Köln: Literarischer Verlag Braun, S.1977. **S.9:** Domin, Hilde: Nicht müde werden. Aus: Gesammelte Gedichte. Frankfurt/M.: S. Fischer, 1987. **S.10 f.** Die Ärzte: Lasse redn. Aus: http://www.plyrics.com/lyrics/dierzte/lasseredn.html (Stand 17.1.2012). **S.14:** Wenn ich Alkohol trinke. Aus: Studie der BzgA: Der Alkoholkonsum Jugendlicher und junger Erwachsener in Deutschland 2010. Kurzbericht zu Ergebnissen einer aktuellen Repräsentativbefragung und Trends. Köln: BzgA, Februar 2011, S.32. **S.16 f.:** Fritzsche, Lara: Hot or not? Projekt Traumkörper. Aus: Dies.: Das Leben ist kein Ponyhof. Die unbekannte Welt der Abiturienten. Köln: Kiepenheuer und Witsch, 2009, S.122 f. **S.18 ff.:** Bartels, Stefan: Glamourgirl mit Botschaft. Aus: Brigitte extra. Frauen-Fußball-WM. Der Kick des Sommers. 13/2011, S.11 ff. **S.24 ff.:** Hessel, Stéphane: Das Schlimmste ist die Gleichgültigkeit. Aus: Ders: Empört euch! Berlin, Ullstein, 2011, S.13 ff. **S.28 f.:** Precht, Richard David: Ist Glück lernbar? Aus: Ders.: Wer bin ich und wenn ja, wie viele? München: Goldmann, 2007, 11. Aufl., S.359 ff. **S.32:** Zitate aus: DUDEN Bd. 12. Zitate und Aussprüche. Herkunft und aktueller Gebrauch. Mannheim/Leipzig/Wien/Zürich: Dudenverlag, 1993, S.546 f. **S.33:** Zeitungsartikel aus: Aachener Zeitung Nr. 217, 17.09.2011. Sonderteil Beruf & Karriere. **S.34 ff.:** Mai, Jochen: So besiegen Sie die Aufschieberitis. Aus: http://www.zeit.de/karriere/beruf/2011-02/effizienter-arbeiten (Stand 17.01.2012). **S.40 f.:** Nassoufis, Aliki:In Workcamps Ferien und Arbeit verbinden. Aus: Aachener Zeitung Nr. 163, 16.07.2011, S.8. **S.44:** Walser, Robert: Fritz Kochers Aufsätze – Der Beruf. Aus: Ders.: Fritz Kochers Aufsätze. Zürich/Frankfurt/M.: Suhrkamp, 1986, S.28 ff. **S.48:** Theobaldy, Jürgen: Schnee im Büro. Aus: Liebesgedichte der Gegenwart. Interpretationen. Stuttgart: Reclam, 2003, S.150. **S.50 ff.:** Widmer, Urs: Top Dogs (gekürzter Auszug). Frankfurt/M.: Verlag der Autoren, 1997, S.8 ff. **S.55 f.:** Wehrle, Martin: Das Zitat ... und Ihr Gewinn: Vorbilder. Aus: http://www.zeit.de/2010/44/C-Coach (Stand 17.01.2012).

Bildquellenverzeichnis

S.4: Buchcover: Wilma Bögel & Sarah Tkotsch. Ich bin dagegen – und das aus Prinzip. Schwarzkopf & Schwarzkopf Verlag, Berlin 2011, **S.13/14:** Mit freundlicher Genehmigung und Unterstützung der Bundeszentrale für gesundheitliche Aufklärung, **S.16:** Buchcover: Lara Fritzsche. Das Leben ist kein Ponyhof. Heyne Verlag, München 2011, **S.18:** Deutscher Fußball-Bund e. V., Frankfurt am Main, **S.22:** picture-alliance/dpa, Frankfurt am Main, **S.23:** Cinetext, Frankfurt am Main, **S.24:** picture-alliance/dpa, Frankfurt am Main, **S.27:** Mit freundlicher Genehmigung von attac, Amnesty International, fidh, **S.50:** XOX-Theater Kleve

Wir danken den Rechteinhabern für die Abdruckgenehmigung. Da es uns leider nicht möglich war, alle Rechteinhaber zu ermitteln, bitten wir, sich gegebenenfalls an den Verlag zu wenden.

Redaktion: Mareike Zastrow
Bildrecherche: Angelika Wagener
Umschlaggestaltung: Visuelle Gestaltung Katrin Pfeil, Mainz
Umschlagillustration: Jutta Melsheimer, bildbad, Berlin
Layout und technische Umsetzung: Buchgestaltung+, Berlin

www.cornelsen.de

1. Auflage, 1. Druck 2012

Druck: H. Heenemann, Berlin

ISBN 978-3-06-061848-4

Inhalt gedruckt auf säurefreiem Papier aus nachhaltiger Forstwirtschaft.

Inhaltsverzeichnis

Entscheidungen

Stark und selbstbewusst sein

Die Arbeitswelt entdecken

Entscheidungen

Du kannst nicht zwei Pferde mit einem Hintern reiten.

Woody Allen

1 Erkläre das Zitat von Woody Allen.
Kannst du seiner Aussage zustimmen? Begründe.

2 Lies nun den Text aus dem Buch „Ich bin dagegen und das aus Prinzip“ von Wilma Bögel und Sarah Tkotsch.

Wilma Bögel und Sarah Tkotsch

Ich bin dagegen und das aus Prinzip

In einem heiteren Ratgeber für junge Mädchen erzählen Wilma Bögel und Sarah Tkotsch von ihren eigenen Erfahrungen als Teenager und geben Ratschläge, die sie selbst in diesem Alter gern erhalten hätten.

Die richtige Mischung muss es sein.
Charakterentwicklung – ich entscheide, was für ein Mensch ich werden möchte.

Das Beste am Leben ist, dass man sich eigentlich jeden Tag neu erfinden kann. Dass man erreichen kann, was man möchte, und dass man für alles, was man tut und fühlt, selber verantwortlich ist. Ganz nach dem Pippi-Langstrumpf-Prinzip „Ich mach mir die Welt, wie sie mir gefällt.“
Jetzt dreht sie durch, denkst du vielleicht gerade. Oder aber auch: Ja, wenn ich Schauspielerin oder Autorin wäre, dann hätte ich auch

viel, viel, viel mehr Möglichkeiten. Dann könnte ich sicher auch tun, was mir gefällt. Wenn ich dann vor allem noch gut aussehen würde, hätte ich es auch viel einfacher. Bei allem.

Lange habe ich auch so gedacht, aber ganz ehrlich: Ich bin doch nicht als Schauspielerin und Autorin auf die Welt gekommen. Ich habe ganz normale Eltern und Geschwister, mit denen ich sicher nicht immer einer Meinung bin. Ich habe zwei Arme, zwei Beine und einen Kopf, ich hatte mit Gewichtsproblemen zu kämpfen, ich war nicht immer gut in der Schule, ich wurde von Freunden und Freundinnen ausgenutzt und betrogen. [...] Ich bin mittlerweile bei mir angekommen, aber sicher habe ich noch nicht alle meine Ziele erreicht. Denn mit jedem Ziel, das du schaffst, kommt der Wunsch, noch mehr und mehr und mehr zu schaffen. Aber das ist auch gut so, so bleibst du nicht stehen und das Leben wird nie langweilig.

3 **a)** Untersuche, wie die beiden Autorinnen des Textes das Leben sehen und wie sie ihre Einschätzung begründen.

b) Wie siehst du das Leben? Nimm Stellung zu den Ansichten der beiden Autorinnen.

4 Der Text betont die Wichtigkeit von Zielen, die man sich im Leben setzen soll. Welche Ziele hast du? Schreibe sie um die Zielscheibe herum.

Meine Ziele:

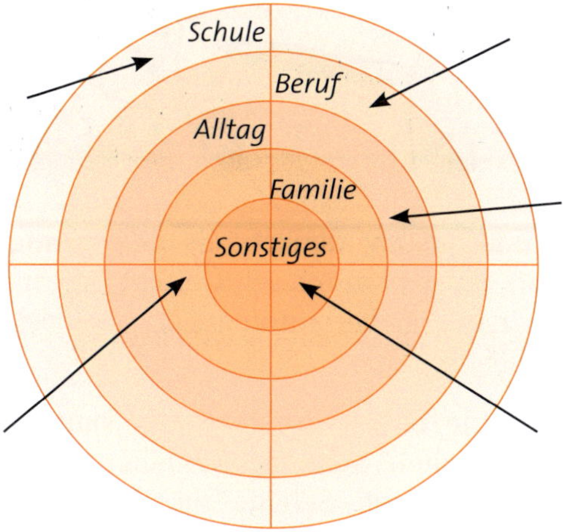

5 In der Fortsetzung des Kapitels geben Wilma Bögel und Sarah Tkotsch Tipps für sinnvolle Ziele. Lies die Fortsetzung.

Setz dir Ziele, die du erreichen möchtest. Gute Ziele können sein:

Fleißig sein. Ich meine damit jetzt nicht, dass du zum Streber mutieren sollst, aber den ganzen Tag lang fernsehen und nichts tun ist schon ein bisschen faul und macht dick und hässlich ;-).

Freundlich sein. Ich mag freundliche Menschen total. Es gibt nichts Schlimmeres als Leute, die nicht mal ein „Hallo" rauskriegen. Ich grüße manchmal Menschen sogar doppelt und dreifach, weil ich nicht mehr weiß, ob ich 's jetzt schon gemacht habe oder nicht. Doch lieber einmal zu viel als zu wenig.

Lächeln, mindestens einmal am Tag. Das bringt nicht nur dir gute Laune, sondern auch allen anderen Menschen um dich herum. Probiere es einfach mal aus und lächle morgen früh auf dem Weg zur Schule einen fremden Menschen an. Du wirst sehen, er wird vielleicht im ersten Augenblick verwirrt sein, aber dann auf jeden Fall zurücklächeln.

Positiv sein und positiv denken. Es gibt genug Menschen, die den Tag bereits mit einem miesen Gesicht beginnen. Sei eine Ausnahme – so wirst du sicher automatisch ganz viele andere positive Menschen anziehen.

Zielstrebig sein. Je besser du dein Ziel kennst, desto schneller kannst du es erreichen. Schreibe dir daher detailliert auf, was du wie erreichen möchtest. Schaue dir diese Liste jeden Abend vor dem Einschlafen an und erinnere dich so daran. Lass dich außerdem nicht verunsichern, wenn andere sagen, du seiest eine

Träumerin. Jeder kann selber entscheiden, was gut für ihn ist und was er erreichen will. Glaube immer an dich und ziehe dein Ding durch.

Stark sein. Wirf nicht gleich die Flinte ins Korn, wenn mal was nicht so klappt, wie du es dir wünschst. Das Leben ist nun mal kein Ponyhof. Es lohnt sich, Dinge anzupacken und umzusetzen, auch wenn sie im ersten Augenblick vielleicht doof sind, nervig oder einfach bescheuert und in deinen Augen total unnütz. Wenn du es durchziehst, kannst du am Ende ziemlich stolz auf dich sein und schwupp sind sie wieder da, die guten Gefühle.

6 Wie beurteilst du diese Tipps?
Tauscht euch in der Klasse über die Ziele aus.

7 **a)** Welche Tipps würdest du anderen in deinem Alter geben?
Sammle Ideen in einem Cluster.

b) Wähle einen Tipp aus und formuliere ihn so, wie die beiden Autorinnen es gemacht haben.

sein.

„Life Skills" – Lebensfertigkeiten

1 Um seine Ziele umsetzen zu können, ist es notwendig, über sogenannte Lebensfertigkeiten („life skills") zu verfügen. Lies dazu die Tabelle der WHO (Weltgesundheitsorganisation).

Fertigkeit	Erläuterung	++, +/–, –
1. Selbstwahrnehmung und -akzeptanz	Erkennen und Annehmen des eigenen Charakters mit seinen Stärken und Schwächen, Wünschen und Abneigungen	
2. Empathie	Fähigkeit, sich in andere Personen und Situationen hineinzuversetzen und diese zu verstehen und zu akzeptieren	
3. Kreatives Denken	Fähigkeit, Handeln und Nicht-Handeln auf die möglichen Alternativen und Folgen hin zu überdenken	
4. Kritisches Denken	Informationen und Erfahrungen objektiv analysieren und einschätzen	
5. Entscheidung		
6. Problemlösung		
7. Kommunikation		
8. Beziehungen	Freundschaften schließen und erhalten, in der Familie stabile Beziehungen führen	
9. Gefühlsbewältigung	Bewusstwerdung eigener Gefühle und der anderer und die Fähigkeit, damit umzugehen	
10. Stressbewältigung	Ursachen von Stress im Alltag erkennen und Strategien, ihn zu kontrollieren	

2 **a)** Ergänze die drei fehlenden Erläuterungen in Stichworten.

b) Bewerte in der dritten Spalte selbstkritisch, ob du die „life skills" schon beherrschst (++ = sehr gut, +/– = etwas, – = gar nicht).

c) Überlegt zu zweit, wie ihr Verbesserungen erzielen könnt.

Auch in der Literatur finden sich viele Texte, die sich mit dem Thema „Leben“ auseinandersetzen.

1 **a)** Lies die beiden folgenden Gedichte.

Rose Ausländer

Nicht fertig werden

Die Herzschläge nicht zählen
Delfine tanzen lassen
Länder aufstöbern
Aus Worten Welten rufen
horchen was Bach*
zu sagen hat
Tolstoi* bewundern
sich freuen
trauernd
höher leben
tiefer leben
noch und noch
nicht fertig werden

Hilde Domin

Nicht müde werden

Nicht müde werden
sondern dem Wunder
leise
wie einem Vogel
die Hand hinhalten.

b) Schreibe nach dem ersten Lesen spontan auf, was dir zu diesen beiden Gedichten durch den Kopf geht (Stimmungen, Bilder ...).

c) Welche Ratschläge erhältst du in den beiden Gedichten? Schreibe einen kurzen Text in dein Heft.

2 Wähle eines der beiden Gedichte aus und schreibe ein Parallelgedicht. Der Titel soll sich an den Gedichttitel anlehnen, aber ein anderes Adjektiv enthalten. Die Verben sollen im Infinitiv stehen.

* **Johann Sebastian Bach (1685 – 1750):** deutscher Komponist

* **Leo N. Tolstoi (1828 – 1910):** russischer Schriftsteller

Stark und selbstbewusst sein

1 Lies den Songtext „Lasse redn“ von der Musikgruppe „Die Ärzte“. In dem Lied geht es um das übliche Gerede der Leute und um Ratschläge, wie man darauf reagieren sollte.
Unterstreiche in drei verschiedenen Farben im Text:
- Gerüchte **(rot)**,
- Gründe, warum die Leute reden **(blau)**,
- Rat, wie man darauf reagieren sollte **(grün)**.

Die Ärzte

Lasse redn

Hast du etwas getan, was sonst keiner tut?
Hast du hohe Schuhe oder gar einen Hut?
Oder hast du etwa ein zu kurzes Kleid getragen,
ohne vorher deinen Nachbarn um Erlaubnis zu fragen?

Jetzt wirst du natürlich mit Verachtung gestraft,
bist eine Schande für die ganze Nachbarschaft.
Du weißt noch nicht einmal genau, wie sie heißen,
während sie sich über dich schon ihre Mäuler zerreißen.

Lass die Leute reden und hör ihnen nicht zu.
Die meisten Leute haben ja nichts Besseres zu tun.
Lass die Leute reden bei Tag und auch bei Nacht.
Lass die Leute reden, das ham die immer schon gemacht.

Du hast doch sicherlich ne Bank überfallen.
Wie könntest du sonst deine Miete bezahlen?
Und du darfst nie mehr in die Vereinigten Staaten,
denn du bist die Geliebte von Osama bin Laden.

Rasierst du täglich deinen Damenbart?
Oder hast du im Garten ein paar Leichen verscharrt?
Die Nachbarn ham da sowas angedeutet,
also wunder dich nicht, wenn bald die Kripo bei dir läutet.

Lass die Leute reden und hör einfach nicht hin,
die meisten Leute haben ja gar nichts Böses im Sinn.
Es ist ihr eintöniges Leben, was sie quält,
und der Tag wird interessanter, wenn man Märchen erzählt.

Und wahrscheinlich ist ihnen das nicht mal peinlich.
Es fehlt ihnen jede Einsicht
und wiedermal zeigt sich: Sie sind kleinlich, unvermeidlich
fremdenfeindlich.

Hast du gehört und sag mal wusstest du schon,
nämlich: Du verdienst dein Geld mit Prostitution.
Du sollst ja meistens vor dem Busbahnhof stehen,
der Kollege eines Schwagers hat dich neulich gesehen.

Lass die Leute reden und lächle einfach mild,
die meisten Leute haben ihre Bildung aus der BILD.
Und die besteht nun mal, wer wüsste das nicht,
aus Angst, Hass, Titten und dem Wetterbericht!

Lass die Leute reden, denn wie das immer ist,
solang die Leute reden, machen sie nichts Schlimmeres.
Und ein wenig Heuchelei kannst du dir durchaus leisten,
bleib höflich und sag nichts.
Das ärgert sie am meisten.

2 Fülle nun mit Hilfe deiner Unterstreichungen den folgenden Konspekt* aus. So erhältst du eine strukturierte Darstellung des Songinhalts.

Beispiele für Gerüchte:

↓

Gründe für die Gerüchte:

↓

Schlussfolgerungen/Ratschläge:

3 Suche dir einen anderen Songtext aus, der dir gefällt. Gestalte den Inhalt als Konspekt. Dabei kannst du auch eine andere Anordnung wählen. Wichtig ist, dass sie zum Inhalt passt.

* **der Konspekt:** Übersicht über den Inhalt eines Textes, mit der auch die Struktur des Textes sichtbar gemacht werden kann, z. B. mit Hilfe von Pfeilen oder Symbolen.

Alkohol und seine Wirkung

Manchmal fühlt man sich nicht stark und selbstbewusst und greift zu einem Mittel, von dem man denkt, es könnte vielleicht helfen: Alkohol. Die scheinbar positiven Wirkungen von Alkohol sind allerdings meist nur von kurzer Dauer. Aus verschiedenen Gründen kann Alkoholkonsum richtig gefährlich werden. Dies zeigt zum Beispiel die Werbekampagne der Bundeszentrale für gesundheitliche Aufklärung (BzgA) mit dem Titel „Alkohol? Kenn dein Limit!“.

1 **a)** Betrachte die Postkarte und beschreibe die dargestellte Situation.

b) Notiere in die Kästchen um die Postkarte herum, wie die einzelnen Aussagen zu verstehen sind.

c) Würdest du diese Postkarte verschicken? Begründe.

2 **a)** Betrachte das folgende Balkendiagramm. Worum geht es? Formuliere das Thema mit eigenen Worten.

____

____

b) Formuliere eine passende Überschrift für das Diagramm.

____

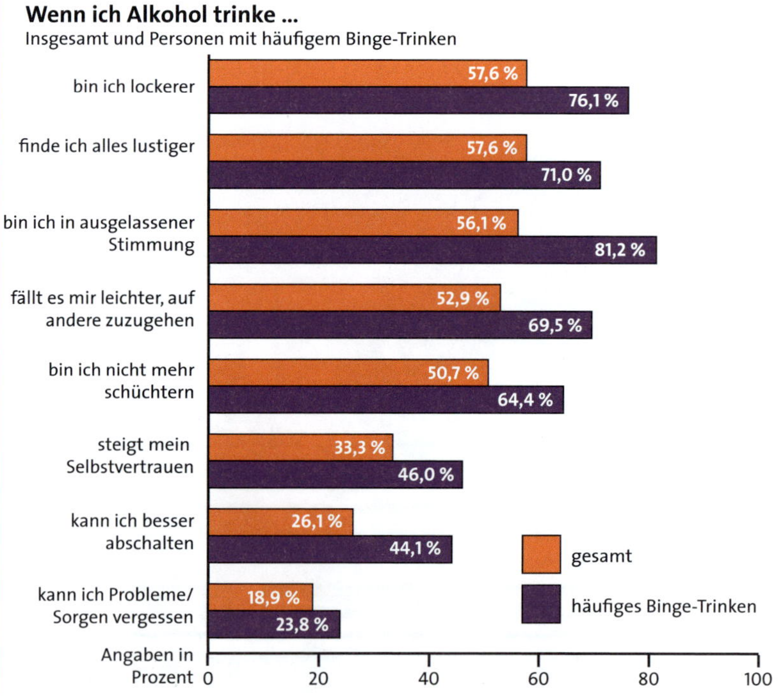

Prozentuale Anteile der 12- bis 25-Jährigen im Jahr 2010, die ziemlich wahrscheinlich oder ganz sicher erwarten, dass Alkohol in verschiedener Weise bei ihnen wirkt, für die Gesamtstichprobe und Personen mit häufigem Binge-Trinken

Anmerkung: Unter Binge-Trinken versteht man das Trinken von mindestens fünf alkoholischen Getränken bei einer Trinkgelegenheit.

Studie der Bundeszentrale für gesundheitliche Aufklärung (BzgA)

3 Untersuche das Diagramm nun anhand der folgenden Fragestellungen (a–c) genauer. Lies auch die Zusatzinformationen.

a) Mach dir Notizen zu folgenden Punkten:
- Worauf beziehen sich die verschiedenfarbigen Balken?
- Was versteht man unter „Binge-Trinken“?
- Welches Alter hatten die Befragten und wann wurden sie befragt?
- Woher stammt das Diagramm?

b) Vergleiche die Angaben im Diagramm. Schreibe Stichworte.
- Was fällt dir bei den verschiedenfarbigen Balken besonders auf? Hast du eine Erklärung dafür?
- Welches ist jeweils der höchste und welches der niedrigste Wert?

c) Fasse kurz schriftlich zusammen, was im Diagramm gezeigt wird:
- Was lässt sich am Diagramm ablesen?
- Wie schätzt du diese Ergebnisse ein?

4 Führt in eurer Klasse oder in eurer Jahrgangsstufe eine anonyme Kurzbefragung durch zu der Frage: „Warum trinkst du Alkohol?“ Versucht, die Ergebnisse in einem Balkendiagramm zu präsentieren.

Für viele Jugendliche heutzutage ist gutes Aussehen sehr wichtig. „Das Leben ist kein Ponyhof", so hat Lara Fritzsche ihr Buch über die unbekannte Welt von Schülerinnen und Schülern genannt. Darin widmet sie sich auch dem Druck des Schönheitsideals.

1 Lies den Text „Hot or not? Projekt Traumkörper" von Lara Fritzsche.

Lara Fritzsche

Hot or not? Projekt Traumkörper (Auszug)

Alexa sagt, sie habe mal überlegt, sich ihr Hüftgold* absaugen zu lassen, und mit ihrer Mutter sogar einmal Preise verglichen, aber sich dann doch nicht getraut. Stattdessen praktiziert* sie eine kostengünstigere Form des Abnehmens. Die zudem auch noch „sozialverträglich"* ist, wie sie erklärt. Sie variiert* in der Methode. An Tagen mit wenig Stress versucht sie schlicht weniger zu essen. Hat sie tagsüber viel in sich hineingeschlungen, nimmt sie abends eine Abführpille. Falls sie mit der Entleerung* nicht bis zum nächsten Morgen warten kann, weil sie abends keinen Blähbauch durch die Clubs tragen will, erbricht sie sich. Und wenn sie gerade keine Magenkrämpfe hat, treibt sie Sport. Das klappt ganz gut, sagt sie. Peinlich ist es ihr nicht, darüber zu sprechen. Eher hält sie ihr situationsabhängiges Verfahren für das Vernünftigste, was im 21. Jahrhundert von einer jungen Frau in einer Industrienation* erwartet werden kann. Das sagt sie auch so.

Die meisten jungen Männer machen das anders. Während laut Nationaler Verzehrstudie II elf Prozent ihrer Altersgenossinnen ständig Diät halten, sind es unter ihnen nur sechs Prozent. Ihre Methode ist Bewegung. Viele von ihnen trainieren im Fitnessstudio, viele noch zusätzlich zum Mannschaftssport, dem sie nachgehen. Der Grund für die Aktivität ist immer derselbe. Junge Männer wie

* **das Hüftgold:** Speck an den Hüften

* **praktizieren:** ausüben

* **sozialverträglich:** für die Gemeinschaft akzeptabel

* **variieren:** abwechseln

* **die Entleerung:** hier ist die Darmentleerung gemeint, also der Stuhlgang

* **die Industrienation:** technisch hoch entwickelter Staat

Frauen sind sich sicher, dass sie ohne attraktiven Körper keine Chance beim anderen Geschlecht haben. Gesundheitliche Gründe für ihr Fitnesspensum* oder ihre Diät geben die wenigsten an. Einige der Mädchen nehmen ab, um sich selber wieder schön zu finden, aber bei den Jungs geht es beinahe ausschließlich um die Außenwirkung.

„Wenn du einen untrainierten Körper hast, dann drehen sich die Mädels doch direkt weg im Club, wenn du die anquatschst, da stehen sie gar nicht drauf", erklärt Dennis. Seit er ein paar Bilder ins studiVZ* gestellt habe, auf denen sein nackter Oberkörper zu sehen war, habe sich seine Quote eindeutig verbessert, erzählt er. Ihm antworten mehr fremde Mädchen auf seine Anmachmails als vorher. Darüber freut er sich. Bald wolle er die Fotos austauschen, in Sachen Sixpack* habe sich bei ihm im letzten Vierteljahr wieder was getan. Da müsse die Frauenwelt natürlich auf den neuesten Stand gebracht werden.

2 **a)** Notiere in der Tabelle, was Alexa und Dennis tun, um ihr Gewicht zu halten und gut auszusehen. Nenne die Gründe für ihr Verhalten.

b) Wie beurteilst du das Verhalten von Alexa und Dennis? Schreibe Stichworte.

Mädchen – Beispiel Alexa		Jungen – Beispiel Dennis
	Verhalten	
	Gründe/ Meinungen	

Eigenes Urteil: ______________________________

____

* **das Pensum:** zu erfüllende Aufgabe

* **studiVZ:** soziales Netzwerk von Studierenden

* **das Sixpack:** sog. Waschbrettbauch

Es ist vollkommen in Ordnung, gut und gepflegt aussehen zu wollen – wenn man das nicht zu seinem alleinigen Lebensinhalt macht oder seine Gesundheit damit gefährdet. Wie das funktionieren kann, zeigt z.B. Fatmire „Lira“ Bajramaj – seit der Frauen-Fußball-WM 2011 in Deutschland allseits bekannte Torjägerin der Frauen-Nationalmannschaft.

1 Lies den Text „Glamourgirl mit Botschaft“ (S.18–22). Unterstreiche dabei wichtige Informationen zum Leben und zur Fußballkarriere von Lira Bajramaj.

Stephan Bartels

Glamourgirl mit Botschaft

Frau Botschafterin trägt heute ein kurzes T-Shirt-Kleid, Leggings und kniehohe Stiefel. Ihre dunklen Locken fallen gewollt wild auf ihre Schultern, am Handgelenk baumelt ein Armband mit Anhänger, „D&G“ steht darauf, Dolce & Gabbana. Sie hat gestern im Fernsehen Champions League gesehen. „Lionel Messi“, sagt sie, „der war so unglaublich krass. Wie der den Ball über den Torwart gelupft und das Ding dann reingeschoben hat – so krass!“

Normalerweise sieht die Dienstkleidung im diplomatischen Dienst anders aus. Und normalerweise ist das meistbenutzte Wort einer Botschafterin auch nicht „krass“. Aber normal ist Lira Bajramaj ohnehin nur zum Teil. Sie hat zwar für eine junge Frau von 23 Jahren völlig normale Interessen: Mode, Ins-Kino-Gehen, Lesen, Musikhören, Feiern. Aber alles andere als normal ist ihr Talent, mit einem Ball umzugehen. Das ist so außergewöhnlich wie ihre Lebensgeschichte.

Fatmire Bajramaj ist das, was man in Deutschland einen Menschen mit Migrationshintergrund nennt. Sie ist gebürtige Kosovo-Albanerin*, Muslimin, außerdem deutsche Fußball-Nationalspielerin. Mehr noch: Fatmire, die jeder bloß Lira nennt, ist das Glamour-

* **die Kosovo-Albanerin:** Aus dem Kosovo stammende Albanerin. Die Republik Kosovo gehörte bis zur Unabhängigkeitserklärung 2008 zunächst zu Jugoslawien und später zur Republik Serbien.

girl des deutschen Fußballs. Bajramaj ist nämlich hübsch, aufregend, ungewöhnlich und ein bisschen exotisch – das alles prädestiniert* sie für das Ehrenamt, das der Deutsche Fußball-Bund ihr angetragen hat: Botschafterin für Integration*. Bei den Herren gibt es auch zwei, den Ex-Brasilianer Cacau und den Deutsch-Türken Mesut Özil. Es gibt bloß neben dem Geschlecht einen gravierenden* Unterschied zu Lira: Özil wurde hier geboren, Cacau durfte kommen, um für viel Geld Fußball zu spielen. Lira Bajramaj aber ist ein Kriegsflüchtling. Eine Frau, die sich anschickt, die beste Fußballspielerin der Welt zu werden. Vielleicht schon in diesem Jahr, vielleicht schon bei dieser Weltmeisterschaft.

Bajramaj kommt aus dem Kosovo*, aus einem kleinen Dorf. „Wir haben auf dem Bauernhof gewohnt, meine Großeltern und Onkel und Tanten lebten alle in der Nähe", sagt sie, „ich erinnere mich, dass ich es damals wunderschön fand." Als der Balkankrieg* näher kam, als sie hörten, welche Massaker* die Serben* schon in anderen Teilen Jugoslawiens* angerichtet hatten, da fassten ihre Eltern den Entschluss: Wir müssen weg, hier gibt es keine Zukunft.

Im Mai 1993 hat Bajramajs Vater sein letztes Geld zusammengekratzt und es einer Schleuserbande anvertraut. Er wollte seine Frau und die drei Kinder in Sicherheit bringen, nach Deutschland, wo schon Verwandte lebten. Fünf Jahre war Lira damals, fünf Tage lang fuhren die fünf Bajramajs durch halb Europa. Kurz vor der deutschen Grenze wurden sie von tschechischen Polizisten erwischt. Mit 20 Mark* konnten sie sich freikaufen. 20 lächerliche Mark, die darüber entschieden, ob sie zurückmussten in das Kriegsgebiet oder in die Sicherheit flüchten konnten. Hätten den Polizisten diese

* **prädestinieren:** vorherbestimmen

* **Botschafterin für Integration des DFB:** Kampagne des Deutschen Fußballbundes, Menschen verschiedener Herkunft durch den Sport in die Gemeinschaft einzugliedern

* **gravierend:** schwerwiegend

* **Kosovo** (der oder das): Staat auf dem Balkan

* **der Balkankrieg:** Beim Zusammenbruch Jugoslawiens ereigneten sich Ende des 20. Jahrhunderts mehrere Kriege um die Unabhängigkeit der ehemaligen Teilrepubliken.

* **das Massaker:** Massenmord

* **Jugoslawien:** Staat, der aus mehreren Staaten Mittel- und Südeuropas gebildet wurde und bis 1992 bzw. 2003 existierte.

* **die Serben:** Bevölkerungsgruppe auf dem Balkan

* **die Mark:** alte deutsche Währung

20 Mark nicht gereicht: Die Fußballspielerin Lira Bajmaraj würde es heute wahrscheinlich nicht geben.

Die Familie zog an den Niederrhein, nach Mönchengladbach. Liras Eltern achteten penibel* darauf, dass sich die Kinder ihrer Umgebung anpassten. Das ging so weit, dass ihre muslimische Mutter ihnen an Weihnachten Geschenke kaufte und an Ostern Süßigkeiten. „Es gab sogar einen Tannenbaum", sagt Lira, „meine Mutter hat gesagt: Die anderen Kinder hier haben so einen, also sollt ihr auch so was haben."

Lira verbrachte die meiste Zeit mit ihren Brüdern, die bald begannen, im Verein Fußball zu spielen. Und wo sie nun schon mal am Rand herumstand, machte sie bald mit. Verliebte sich in das Spiel. Wurde sofort als Talent identifiziert*. Trat dem Verein bei, indem sie ungelenk* die Unterschrift ihres Vaters fälschte – sie hätte nie damit gerechnet, dass er ihr, seiner Prinzessin, diesen Jungensport erlauben würde.

Zwei Jahre spielte sie heimlich Vereinsfußball, bis ihr Vater sie eher zufällig auf dem Platz entdeckte. Am nächsten Tag kaufte er ihr wortlos vernünftige Trainingsklamotten.

Mehr als ein Jahrzehnt später ist die Kosovo-Albanerin Lira Bajramaj zweierlei: deutsche Staatsangehörige und eine der besten Fußballspielerinnen der Welt. „Ich fühle mich wie eine Deutsche. Jedenfalls meistens", sagt sie. „Wenn ich mit Deutschen zusammen bin, bin ich ruhig und entspannt. Wenn ich aber mit meiner Familie Zeit verbringe, wird es laut und lustig und chaotisch. Das ist wohl der albanische Anteil in meinem Leben."

„Deutschland", sagt sie, „ist ein leises Land. Ein Land, in dem alles geplant wird. Im Kosovo macht man etwas dann, wenn man Lust dazu hat. Eigentlich mag ich es nicht, nach Plänen zu leben. Aber es gehört zu meinem Leben dazu." Überhaupt, auch das sagt sie, sei sie deutscher als die meisten Ausländer: „Ich verstehe nicht, dass so viele keine Lust haben, die Sprache zu lernen, die Menschen in ihrer Art zu verstehen und etwas aus ihrem Leben hier zu machen."

Sie hat etwas aus ihrem Leben gemacht. Erst den Haupt-, dann in der Abendschule den Realschulabschluss. Hat eine Lehre zur Steuerfachgehilfin begonnen. Sie abgebrochen, um deutsche

* **penibel:** genau

* **identifiziert:** erkannt

* **ungelenk:** ungeschickt

Meisterin, Pokalsiegerin, Champions-League-Siegerin, Weltmeisterin und Europameisterin zu werden. Eigentlich hat sie schon alles erreicht, mit 23 Jahren. Reicht das nicht? „Nein", sagt sie, „gewinnen macht süchtig. Titel machen süchtig." Sie ist schmal, fast zart, das ist ungewöhnlich für eine Fußballerin. Aber sie verfügt über außergewöhnliche Fähigkeiten. Ist schnell und trickreich, der Ball klebt an ihrem Fuß. Sie hat ein Auge für ihre Mitspielerinnen und setzt sie oft genial in Szene, dazu schießt sie reichlich Tore. Ihr großes Vorbild ist ein Mann: Zinedine Zidane. Aber wenn man sie schon mit einem Kerl vergleichen soll, ist ihr Spiel eher wie das von Lionel Messi, dem zurzeit besten Fußballer der Welt.

Ihm ist sie neulich begegnet. In Zürich war das, im Januar, als die FIFA* die Weltfußballer des Jahres gekürt hat. Bajramaj hatte es auf die Shortlist* geschafft. Unter die drei Besten der Welt! Da stand sie neben Birgit Prinz und Marta aus Brasilien, die die Trophäe* in allen vier Jahren davor gewonnen hat. In diesem Jahr wieder. „Absolut in Ordnung", sagt Bajramaj, „Marta ist einfach die Beste." Vor der Ehrung wurden die Nominierten* zum FIFA-Präsidenten gebeten. „Messi war sehr nett", sagt sie, „ein bescheidener Junge, der mich höflich gefragt hat, wie es mir geht." Die spanischen Weltmeister standen im Zimmer, Cristiano Ronaldo auch. Und Lira: mittendrin. Krass.

Sie erregte Aufmerksamkeit an jenem Abend, auch durch das kurze Kleid in Pink, mit dem sie auflief. Sie sah eher aus wie eine von diesen Spielerfrauen, mit denen sich Bundesliga-Kicker gern schmücken. Bajramaj achtet auf ihr Aussehen. Nimmt sich viel Zeit für ihre Haare und für ihr Make-up – sie ist das Aushängeschild einer neuen Generation, mit der das Spiel betont weiblicher wird. „Ich ärgere mich, wenn wir nicht als Frauen wahrgenommen werden", sagt sie, „wir spielen in unserer eigenen Liga, und das machen wir gut. Frauenfußball ist attraktiv und sexy."

Lira Bajramaj hat das Zeug, einer der ganz großen Stars dieser Weltmeisterschaft zu werden, vielleicht *der* Star. Es wäre ein guter Moment, der absolute Höhepunkt einer noch jungen und doch

* **die FIFA:** internationaler Fußballverband

* **die Shortlist:** aus einer längeren Liste („Longlist") ermittelte Kandidatenliste, aus der ein Preisträger benannt wird

* **die Trophäe:** der Preis, der Pokal

* **die Nominierten:** die für einen Preis, Amt o. Ä. Aufgestellten

schon so erfolgreichen Karriere. „So lange spiele ich ja auch nicht mehr“, sagt sie, „ich will Kinder bekommen und eine Familie haben. Und ich möchte eigentlich nicht damit warten, bis ich 30 bin.“ Diese WM wird sie mitnehmen, die nächste in Kanada in vier Jahren am liebsten auch noch, dazwischen und nebenbei eine Ausbildung zur Visagistin* machen. „Danach bin ich 27. Wäre doch ein gutes Alter, um Mutter zu werden, oder?“ Sie lacht. „Ich glaube, ich habe gerade einen Plan entwickelt.“

Der Mann zum Kind fehlt noch. Bewerber sollten wissen, dass Bajramaj einem Mann zuerst auf die Hände schaut. Die müssen gepflegt sein. Abgekaute Nägel gehen gar nicht. „Ein Folge-Date“, sagt Lira, „wäre dann so gut wie ausgeschlossen.“

2 Ergänze die Angaben zur Fußballerin Lira Bajramaj mit Informationen aus dem Text (S.18.ff.), sodass ein Steckbrief entsteht.

Name: ____________________

Alter: ____________________

Beruf: ____________________

Herkunft: ____________________

Werdegang/Ausbildung: ____________________

____

Karriere/Erfolge: ____________________

____

Eigenschaften: ____________________ ____________________

Aussehen: ____________________ ____________________

* **die Visagistin:** Kosmetikerin, die für das Gesicht zuständig ist

3 Führt ein Quiz zu Fatmire Bajramaj durch: Erstellt dazu jeder mindestens drei Quizkarten nach folgendem Muster.

> Frage: ______________________________
>
> Antwort: ______________________________
>
> Beleg (Zeilenangabe): ______________________________

4 Fatmire Bajramaj ist in vielerlei Hinsicht eine „Vorzeigefigur".
Ihr ist es gelungen, als Frau, Muslimin und Kriegsflüchtling in Deutschland als Fußballerin Karriere zu machen.
Wie beurteilst du die folgende Aussage von Lira?

„Deutschland […] ist ein leises Land. Ein Land, in dem alles geplant wird. Im Kosovo macht man etwas dann, wenn man Lust dazu hat. Eigentlich mag ich es nicht, nach Plänen zu leben. Aber es gehört zu meinem Leben dazu." Überhaupt […] sei sie viel deutscher als die meisten Ausländer: „Ich verstehe nicht, dass so viele keine Lust haben, die Sprache zu lernen, die Menschen in ihrer Art zu verstehen und etwas aus ihrem Leben zu machen."

5 Eine ähnliche, aber erfundene Geschichte erzählt die Filmkomödie „Kick it like Beckham", die 2002 in die Kinos kam.
Informiere dich über den Film und stelle ihn der Klasse vor.

6 Verfasse nun ein Porträt deiner Lieblingssportlerin oder deines Lieblingssportlers. Schreibe z. B. über den Werdegang, sportliche Leistungen bzw. Misserfolge oder die Wirkung in der Öffentlichkeit. Begründe auch, warum du sie oder ihn gut findest.

Für Fatmire Bajramaj ist die Integration gut verlaufen. Das gelingt nicht allen Menschen mit sogenanntem Migrationshintergrund, manchmal auch deshalb, weil sie mit vielen Vorurteilen zu kämpfen haben. Mit seiner Streitschrift „Empört euch!" möchte Stéphane Hessel auf Ungerechtigkeiten in der Gesellschaft hinweisen und zum friedlichen Widerstand aufrufen.

1 a) Informiere dich zunächst mit Hilfe des folgenden Kurztextes über den Autor.

Stéphane Hessel wurde 1917 in Berlin als Sohn des jüdischen Schriftstellers Franz Hessel geboren. 1924 zog die Familie nach Paris, wo Hessel sich 1941 dem Widerstand gegen die deutsche Besatzung anschloss. Er wurde von der Gestapo* ins Konzentrationslager verschleppt und gefoltert. Nach dem Krieg arbeitete er für die Vereinten Nationen (UN)*, wo er unter anderem als Sekretär für die Menschenrechtskommission wirkte. Er schreibt zudem Gedichte. Mit seiner Streitschrift „Empört euch!" gelang ihm ein Bestseller.

b) Lies den Auszug aus Stéphane Hessels Streitschrift (S. 24–26).

Stéphane Hessel

Das Schlimmste ist die Gleichgültigkeit

Die Gründe, sich zu empören, sind heutzutage oft nicht so klar auszumachen – die Welt ist zu komplex* geworden. Wer befiehlt, wer entscheidet? Es ist nicht immer leicht, zwischen all den Einflüssen zu unterscheiden, denen wir ausgesetzt sind. Wir haben es nicht mehr nur mit einer kleinen Oberschicht zu tun, deren Tun und Treiben wir ohne Weiteres verstehen. Die Welt ist groß, wir spüren die Interdependenzen*, leben in Kreuz- und Querverbindungen wie noch nie. Um wahrzunehmen, dass es in dieser Welt auch unerträglich zugeht, muss man genau hinsehen, muss man suchen.

* **die Gestapo:** Geheime Staatspolizei im „Dritten Reich"

* **die Vereinte Nationen (UN):** internationaler Zusammenschluss von knapp 200 Staaten, deren Ziele die Sicherung der Menschenrechte, des Weltfriedens, die Einhaltung des Völkerrechts und die Förderung der internationalen Zusammenarbeit ist

* **komplex:** vielschichtig

* **die Interdependenz:** gegenseitige Abhängigkeit

Ich sage den Jungen: Wenn ihr sucht, werdet ihr finden. „Ohne mich“ ist das Schlimmste, was man sich und der Welt antun kann. Den „Ohne mich“-Typen ist eines der absolut konstitutiven* Merkmale des Menschen abhanden gekommen*: die Fähigkeit zur Empörung und damit zum Engagement*.

Zwei große neue Menschheitsaufgaben sind für jedermann erkennbar:

1. Die weit geöffnete und noch immer weiter sich öffnende Schere zwischen ganz arm und ganz reich. Das ist eine Spezialität des 20. und 21. Jahrhunderts. Die Ärmsten der Welt verdienen heute kaum zwei Dollar am Tag. Wir dürfen nicht zulassen, dass diese Kluft* sich weiter vertieft. Allein schon dies heißt, sich zu engagieren*.

2. Die Menschenrechte und der Zustand unseres Planeten. Ich hatte nach der Befreiung Frankreichs* die Chance, an der Formulierung der „Allgemeinen Erklärung der Menschenrechte“ mitzuwirken, die von der UNO* am 10. Dezember 1948 im Palais de Chaillot in Paris verabschiedet wurde. [...] Ich möchte aus der „Allgemeinen Erklärung der Menschenrechte“ den Artikel 15 zitieren: „Jeder hat das Recht auf eine Staatsangehörigkeit.“ Und Artikel 22: „Jeder hat als Mitglied der Gesellschaft das Recht auf soziale Sicherheit und Anspruch darauf, durch innerstaatliche Maßnahmen und internationale Zusammenarbeit sowie unter Berücksichtigung der Organisation und der Mittel jedes Staates in den Genuss der wirtschaftlichen, sozialen und kulturellen Rechte zu gelangen, die für seine Würde und die freie Entwicklung seiner Persönlichkeit unentbehrlich* sind.“ Und auch wenn diese Erklärung, da sie nicht völkerrechtlich verbindlich geworden ist, bloß deklaratorischen*

* **konstitutiv:** hier: grundlegend

* **abhanden kommen:** verloren gehen

* **das Engagement:** persönlicher Einsatz für etwas

* **die Kluft:** die Lücke

* **engagieren:** sich stark machen für etwas

* **die Befreiung Frankreichs:** von der deutschen Besatzung während des 2. Weltkrieges

* **die UNO:** Organisation der Vereinten Nationen (UN), s. Worterklärungen auf S. 24

* **unentbehrlich:** unverzichtbar

* **deklaratorisch:** reine Absichtserklärung, d. h., dass die Staaten nicht verpflichtet sind, danach zu handeln

Charakter hat, ist sie dennoch seit 1948 nicht ohne Wirkung geblieben. Kolonialvölker* haben sich in ihrem Unabhängigkeitskampf auf sie berufen, und sie hat den Freiheitskämpfern Mut gemacht.
Erfreulicherweise hat sich die Zahl der Nichtregierungsorganisationen* […] wie attac*, fidh*, Amnesty International* […] in den letzten Jahrzehnten vervielfacht. Eines ist klar: Wer heute etwas erreichen will, muss gut vernetzt sein und sich aller modernen Kommunikationsmittel* bedienen.
Den jungen Menschen sage ich: Seht euch um, dann werdet ihr die Themen finden, für die Empörung sich lohnt – die Behandlung der Zuwanderer, der in die Illegalität* Gestoßenen, der Sinti und Roma*. Ihr werdet auf konkrete Situationen stoßen, die euch veranlassen, euch gemeinsam mit anderen zu engagieren. Suchet, und ihr werdet finden!

2 **a)** Fasse kurz mündlich zusammen, was du verstanden hast.

b) Lies noch einmal auf Seite 25 f. die beiden Absätze zu den zwei großen Menschheitsaufgaben, die Stéphane Hessel sieht. Notiere dann zu jedem Absatz das Wichtigste in Stichworten.

3 Suche dir zwei Lernpartnerinnen/Lernpartner und lies mit ihnen noch einmal den Text nach der folgenden Methode:
- Der Erste liest einen Abschnitt (leise) vor,
- der Zweite fasst ihn zusammen und
- der Dritte stellt zwei bis drei Fragen zum Inhalt, die der Erste und Zweite beantworten.

Beim nächsten Absatz tauscht ihr die Rollen. Verfahrt so, bis ihr den Text zu Ende gelesen habt.

* **die Kolonialvölker:** Völker, die ehemals in sog. Kolonien lebten, d. h., in Ländern, die von anderen Staaten unterdrückt und ausgebeutet wurden

* **die Nichtregierungsorganisation:** Organisationen, die auf private Initiative hin gegründet worden sind und nicht von Regierungen abhängig sind

* **attac:** Netzwerk, das sich gegen die sog. Globalisierung stark macht

* **fidh:** Menschenrechtsorganisation

* **Amnesty International:** internationale Organisation für Gefangenenhilfe

* **das Kommunikationsmittel:** Internet, Telefon, Handy

* **die Illegalität:** Ungesetzlichkeit

* **die Sinti und Roma:** Minderheit, die in Deutschland und anderen europäischen Ländern lebt

4 Fasse nun das zentrale Anliegen von Hessel in einem kurzen Text zusammen. Beziehe dabei sowohl den Buchtitel als auch die Kapitelüberschrift mit ein.

5 Wie beurteilst du Hessels Ansichten? Du kannst dich an folgenden Punkten orientieren.
- Ist es deiner Ansicht nach wichtig, sich zu empören?
- Stimmst du Hessels Auswahl der wichtigsten Menschheitsaufgaben zu?
- Gibt es aus deiner Sicht andere, noch wichtigere Menschheitsaufgaben, bei denen man sich empören sollte?

Begründe dein Urteil.

6 Informiert euch über eine der drei genannten nichtstaatlichen Organisationen. Notiert Informationen zu den genannten Punkten.

Gründung: ______________________

Ziele: ______________________

Aktionen: ______________________

____

Gründung: ______________________

Ziele: ______________________

Aktionen: ______________________

____

Gründung: ______________________

Ziele: ______________________

Aktionen: ______________________

____

Glück: Für den einen ist es ein Titelgewinn, für den anderen das Engagement – was macht Menschen dauerhaft glücklich?
Der Philosoph Richard David Precht gibt in seinem Bestseller „Wer bin ich und wenn ja, wie viele?" sieben Tipps von Glücksforschern wieder. Er tut das allerdings mit einem Augenzwinkern, denn „Glück ist schön, macht aber viel Arbeit".

1 Lies die Textauszüge. Es fehlen allerdings jeweils die Regeln. Du findest sie im Regelkasten auf Seite 30. Ordne sie sinnvoll zu.

Richard David Precht

Ist Glück lernbar?

Die erste Regel heißt: ______________________________!

Unsere Gehirne dürsten danach, beschäftigt zu werden. Geistiger Stillstand macht schlechte Laune. [...] Wir müssen nicht pausenlos aktiv sein, aber allzu viel abzuhängen, ist dem Glück nicht eben förderlich. Sport zum Beispiel ist eine feine Sache, denn der Geist belohnt sich selbst für erfolgreiche körperliche Anstrengungen durch die Bildung von Neuronen*. Auch Interessen steigern die Lebensfreude. Routinen* mögen manches für sich haben – auf Dauer machen sie nicht glücklich. Abwechslung und Neues können Quellen des Glücks sein. [...]

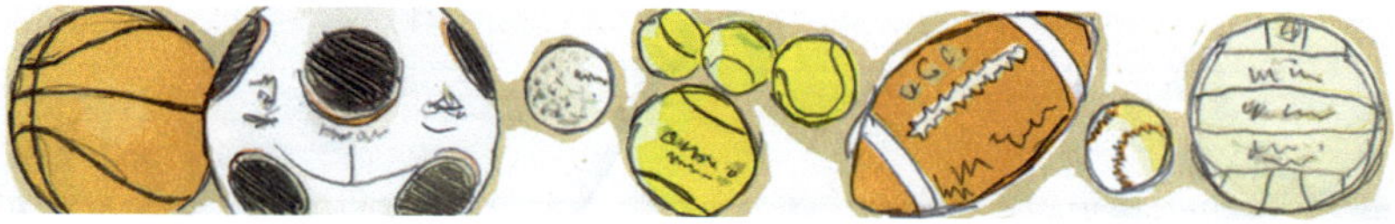

Die zweite Regel heißt: ______________________________!

Epikur* hielt wenig davon, sich in den Mittelpunkt zu spielen, weder im Privaten noch in der Öffentlichkeit. Aber er erkannte, dass es kaum eine dauerhaftere Glücksquelle gibt als soziale Bindungen. Freundschaft, Partnerschaft und Familie können einen Rahmen schaffen, in dem wir uns aufgehoben fühlen. Etwas gemeinsam zu

* **die Neuronen:** Nervenzellen

* **die Routine:** Gewohnheit

* **Epikur:** griechischer Philosoph um 341 – 270 v. Chr., der sich mit der Lebensfreude beschäftigte

erleben, mit dem Partner, einem Freund oder mit Kindern, steigert das Glückserlebnis. [...]

Die dritte Regel heißt: ______________________________________!

Epikur verwendete viel Zeit darauf, seinen Schülern nahezubringen, wie sie das Hier und Jetzt genießen können: den Duft der Blumen, die Schönheit der Formen, den Geschmack eines Stück Käses. Ausgewählte und konzentrierte Genüsse steigern die Lebensfreude. Was für Dinge gilt, sollte erst recht für Menschen gelten. Je intensiver man sich auf jemand anderen einlässt, umso tiefer sind Gefühl und Mitgefühl. Aus der Sicht der Hirnforschung gesprochen heißt dies: Koste deine Bewusstseinszustände aus, zumindest die, die dir guttun. Und für alles, in das man sich versenkt, gilt: Man sollte es ganz und gar tun. [...]

Die vierte Regel heißt: ______________________________________!

Glück ist eine Frage von dem, was man erwartet. Häufige Fehler sind, sich zu überfordern, aber auch sich zu unterfordern. Beides führt zur Unzufriedenheit. Wer sich überfordert, leidet an vermeidbarem Stress. Wer sich unterfordert, erleidet einen Mangel an Dopamin*-Ausstößen, Antriebslosigkeit und Gleichgültigkeit sind die Folgen. Und der Mangel an Elan* führt möglicherweise wiederum dazu, sich zu unterfordern, ein Teufelskreis.

Die fünfte Regel heißt: ______________________________________!

Sie sind die vielleicht wichtigste Regel überhaupt. Glücksgefühle, darin stimmen Epikur und die Positive Psychologie* überein, sind kein Zufall, sondern eine Folge der „richtigen“ Gedanken und Gefühle. Richtige Gedanken sind danach solche, die Lust erzeugen und Unlust vermeiden. [...]

* **das Dopamin:** Hormon, das im Volksmund als „Glückshormon“ bezeichnet wird

* **der Elan:** Schwung, Energie

* **die Positive Psychologie:** Strömung in der Psychologie, die sich mit Glück, Vertrauen, Optimismus beschäftigt

Ein sechster Punkt ist, die Suche nach dem Glück nicht zu übertreiben. ______________________________

ist eine große Kunst. In vielem – wenn auch nicht in allem – Unglück liegt auch etwas Gutes. Manche Menschen mit fürchterlichen Leiden sagen, dass sie seit ihrer Erkrankung intensiver leben. Krisen, Schwierigkeiten und sogar Schicksalsschläge können auch heilsam sein. Manche Krisen führen zu besseren Neuanfängen, man weiß oft nicht, „wozu sie gut“ sind. […]

Der siebte Punkt schließlich ist die ______________________.

Er hängt eng mit dem ersten zusammen, der Aktivität. Arbeit ist etwas, das uns zwingt, aktiv zu sein, und die meisten Menschen brauchen diesen Druck, um hinreichend viel zu tun. Natürlich gilt das nicht für jede Arbeit, aber doch sehr oft. Arbeit ist die beste Psychotherapie*.

Sieben Regeln zum Glücklichsein

- Gelassener mit dem Unglück umgehen
- Gute Gedanken
- Konzentration
- Freude durch Arbeit
- Sozial leben
- Aktivität
- Realistische Erwartungen

* **die Psychotherapie:** Verfahren zur Heilung psychischer Erkrankungen ohne Medikamente

2 **a)** Fasse die sieben Regeln mit den dazugehörigen Erläuterungen noch einmal mit eigenen Worten zusammen.

b) Welche Regel kannst du am besten nachvollziehen? Nenne Beispiele aus deinem eigenen Leben, die zeigen, dass die Regel zutrifft.

3 Was bedeutet für dich Glück? Ergänze den Cluster.

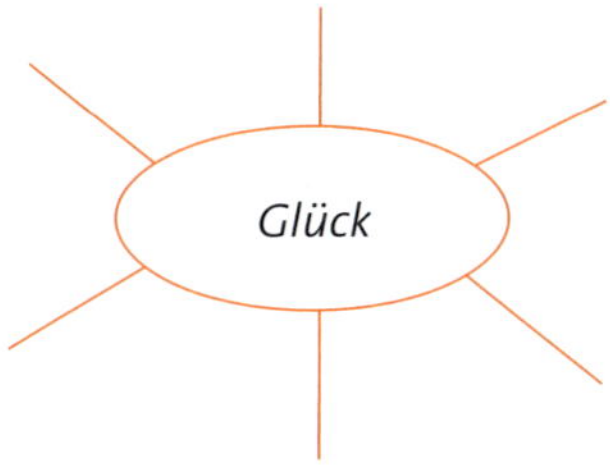

4 Gestalte eine Collage zum Thema „Glück“ auf der Grundlage deines Clusters. Schneide dazu z. B. aus Zeitschriften und Zeitungen Fotos, Überschriften und Artikel aus. Du kannst auch eigene Fotos, Zeichnungen und Wörter verwenden. Klebe sie dann auf einem farbigen Blatt oder Karton auf.

Die Arbeitswelt entdecken

Was bedeutet Arbeit?

1 Lies die folgenden Zitate berühmter Persönlichkeiten zum Thema „Arbeit“ und erläutere sie mit eigenen Worten.

> Das Arbeiten ist meinem Gefühl nach dem Menschen so gut ein Bedürfnis als Essen und Schlafen.
> *(**Wilhelm von Humboldt**, deutscher Geisteswissenschaftler)*

> Zur Arbeit gehört ein Sinn oder Ziel, um dessentwillen man arbeitet. Andernfalls ist es keine Arbeit.
> *(**Oswald von Nell-Breuning**, deutscher Theologe und Sozialphilosoph)*

> Arbeit bedeutet atmen für mich; wenn ich nicht arbeiten kann, kann ich nicht atmen!
> *(**Pablo Picasso**, spanischer Maler und Bildhauer)*

> Zwanghaftes Arbeiten allein würde die Menschen ebenso verrückt machen wie absolutes Nichtstun. Erst durch die Kombination* beider Komponenten* wird das Leben erträglich.
> *(**Erich Fromm**, amerikanischer Psychologe deutscher Herkunft)*

2 Übertrage die Tabelle in dein Heft und schreibe in Stichworten die zentralen Aussagen der einzelnen Zitate in die Tabelle.

Humboldt	Nell-Breuning	Picasso	Fromm
...	...	...	...

3 Wähle ein Zitat aus, das dir besonders gut gefällt. Begründe deine Entscheidung stichwortartig.

* **die Kombination:** die Verbindung
* **die Komponente:** der Bestandteil

Erste Tipps – nicht nur fürs Berufsleben

1 Lies die beiden kurzen Zeitungsartikel. Sie enthalten jeweils einen hilfreichen Rat für richtiges Verhalten im Beruf.
Unterstreiche die wichtigsten Aussagen.

Unpünktlichkeit ist unhöflich. „Es ist respektlos, andere warten zu lassen", sagt Lis Droste, Etikette*-Trainerin aus Frankfurt. „Aber man kann sich immer mal verspäten." Wichtig sei in diesem Fall, die anderen nicht im Unklaren zu lassen. „Man sollte sich schon kurz melden, per Handy zum Beispiel." Auch eine SMS sei heutzutage völlig in Ordnung. „Das ist gerade im Zug eine gute Alternative*, wenn man für das Telefonieren keine Verbindung hat." Wer zum Beispiel zu einem Meeting* unterwegs ist, sollte den jeweiligen Leiter oder das Sekretariat anrufen und bitten, die Nachricht an alle weiterzugeben, die es wissen sollten. „Eine SMS kann man aber auch an mehrere Empfänger schicken." Wer zu spät in eine Besprechung kommt, setzt sich am besten diskret* hin, ohne sich lange zu entschuldigen.

Tattoo: Wer bei einer Bank oder einer Versicherung arbeitet, sollte im Job seine Tattoos besser nicht zeigen. „Das kann einem vieles verbauen", sagt die Karriereberaterin Nadine Meyden aus Berlin. Denn insbesondere ältere Menschen schenkten einem Bankberater mit Tattoo eventuell kein Vertrauen. Besser sei es, vorhandene Tätowierungen zu verstecken. Mitarbeiter könnten auch zu ihren Tätowierungen stehen. „Sie müssen sich bewusst machen, dass es Generationen gibt, für die ein Tattoo immer noch eine negative Bedeutung hat", so Meyden.

* **die Etikette:** offizielle Umgangsformen

* **die Alternative:** andere Möglichkeit

* **das Meeting:** geschäftliches Zusammentreffen

* **diskret:** unauffällig

2 a) Überlege, welchen Tipp du anderen für einen erfolgreichen Auftritt im Beruf geben würdest, z. B. zum Thema „Kleidung" oder „Gute Manieren".

b) Formuliere nun selbst nach dem Muster der kurzen Zeitungsartikel (S. 33) einen Tipp. Schreibe in dein Heft.

Hast du schon einmal etwas von „Prokrastination" gehört?
Der Text von Jochen Mai gibt Auskunft, was man darunter versteht.

1 Lies den Artikel (S. 34–37) und unterstreiche dabei alle wichtigen Informationen zur „Prokrastination".

Jochen Mai

So besiegen Sie die Aufschieberitis

Mal ganz konkret gefragt: Kommen Ihnen die folgenden Sätze bekannt vor? „Das hat noch Zeit." – „Erst mal einen Kaffee machen." – „Das bekomme ich heute eh nicht mehr fertig." – „Wo soll man denn da anfangen?" – „Das Bürogeschirr müsste eigentlich mal wieder gespült werden." Wenn Sie gleich an mehreren Stellen stumm genickt haben, sind Sie womöglich ein Aufschieber. Wer nur ab und an so denkt, muss sich freilich nicht sorgen. Jeder tut das irgendwann. Erst wenn die Aufschieberitis chronisch wird und jemand gewohnheitsmäßig Aufgaben vertagt, die eigentlich erledigt werden müssen, spricht man von Prokrastination.
Das kann sich sogar zu einer regelrechten Krankheit auswachsen. Bei Untersuchungen von Psychologen aus Deutschland und den USA kam heraus, dass weltweit fast jeder Fünfte von diesem Phänomen* betroffen ist. Der US-Psychologe Joe Ferrari von der DePaul Universität in Chicago ist einer der führenden Forscher auf diesem Gebiet und sogar der Meinung, dass chronische Aufschieber nur durch eine Verhaltenstherapie* geheilt werden können. Wobei Wissenschaftler zunächst zwei Typen unterscheiden:

Der Erregungsaufschieber. Er reagiert erst auf den letzten Drücker und genießt den Kick, den der Hochdruck zum Schluss erzeugt. Meist behauptet er, nur so kreativ zu werden.

* **das Phänomen:** die Erscheinung

* **die Verhaltenstherapie:** Therapie, durch die das Verhalten verändert werden soll

Der Vermeidungsaufschieber. Er leidet unter der Angst zu versagen. Deshalb meidet er den Leistungsdruck, den die Aufgabe erzeugt. Dafür ist er ein Meister der Ausreden.

Egal, welcher Typ man selbst ist, das Kernproblem vieler Aufschieber ist häufig dasselbe: Sie tun sich schwer damit, sich lange auf eine Sache zu konzentrieren, Prioritäten* zu setzen, und leiden unter einem latent* schlechten Gewissen, weil sie nicht schaffen, was sie sich vornehmen, was wiederum permanent* an ihrem Selbstwertgefühl nagt. Also streben sie nach schnellen Erfolgserlebnissen. Bei zu großen Aufgaben liegen diese jedoch subjektiv* zu weit entfernt. Folge: Die Prokrastinierer ziehen kurzfristige kleinere Aufgaben vor, wie aufräumen, abwaschen, beschäftigt aussehen.
Die versprechen Instanterfolg*. Und wer über zu viel Arbeit klagt, erntet außerdem meist noch Mitgefühl. Langfristig aber sorgt Prokrastinieren für Frust. Dann beginnt ein Teufelskreis aus Aufschieben, Überforderungs- und Minderwertigkeitsgefühlen. Damit es erst gar nicht so weit kommt, raten Experten zu ganz unterschiedlichen Wegen. Nicht alle passen zu jedem Typ, dazu ist das Problem wirklich zu individuell*. Verstehen Sie die folgenden Tipps also bitte als Sammlung von Methoden – und picken Sie sich die für Sie besten heraus:

Beginnen Sie sofort. Die sogenannte 72-Stunden-Regel sagt: Alles, was Sie sich vornehmen, müssen Sie innerhalb von 72 Stunden beginnen, sonst sinkt die Chance, dass Sie das Projekt jemals umsetzen, auf ein Prozent. Schuld daran ist nicht nur der innere Schweinehund, sondern mangelnde Entschlossenheit. Der erste Schritt ist nun mal der wichtigste – und schwerste. Halten Sie also den Graben zwischen Entschluss und Erledigung so schmal wie möglich. In der Fachsprache wird das Prinzip auch OHIO genannt: Only handle it once* – was man einmal in die Hand genommen hat, wird sofort erledigt.

* **die Priorität:** die Rangfolge
* **latent:** nicht sofort erkennbar, unterschwellig
* **permanent:** ständig
* **subjektiv:** aus persönlicher Sicht
* **der Instanterfolg:** sofort erkennbarer Erfolg
* **individuell:** von der jeweiligen Person abhängig
* **only handle it once:** Erledige es sofort!

Hinterfragen Sie sich. Warum schieben Sie bestimmte Aufgaben auf? Prokrastination ist eine Gewohnheit, sie läuft automatisch ab. Ein Schritt in Richtung Besserung ist, sich sein Verhalten bewusst zu machen und die Gewohnheit zu durchbrechen. Dabei hilft, seine Verhaltensweisen über einen Zeitraum schriftlich zu notieren: Was machen Sie ungern? Warum? Was löst Stress aus? Was hätten Sie anders machen können?

Machen Sie weniger Druck. Sagen Sie sich selbst oft „Du musst“, „Du sollst“, „Mach jetzt, sonst ...“? So wird das nichts. Allenfalls verstärken Sie so nur den Fluchtreflex. Machen Sie sich bewusst, eine Wahl zu haben und setzen Sie Ihre eigenen Prioritäten.

Hören Sie auf, perfekt zu sein. Perfektionismus ist nichts weiter, als ein selbst auferlegter Zwang, bei dem sich die Betroffenen in Details* verrennen und darüber das große Ganze aus den Augen verlieren. Ein klassischer Tunnelblick also. Dem kanadischen Psychologen Gordon Flett verdanken wir etwa die Erkenntnis, dass Perfektionismus unsere Leistungskraft schmälern* kann, insbesondere bei besonders ehrgeizigen Sportlern, die sich intensiv mit ihrem Image und den Erwartungen anderer an sie beschäftigen. Ebenfalls aus solchen Studien weiß man, dass Menschen Aufgaben motivierter erledigen, wenn Sie die Ziele dahinter erkennen. Weisen Sie Mängeln also den Stellenwert zu, den sie verdienen: Sie sind Kulisse. Denken Sie nur: Ohne seine Schlampigkeit hätte Alexander Fleming nie das Penicillin* entdeckt!

Beginnen Sie mit dem Unangenehmsten. Packen Sie den Stier bei den Hörnern: In der Regel wird es die unangenehmste Aufgabe sein,

* **das Detail:** die Einzelheit
* **schmälern:** verringern
* **das Penicillin:** Antibiotikum

die Sie die ganze Zeit vor sich herschieben. Warum die nicht morgens als Erstes hinter sich bringen, wenn Sie noch frisch sind? Der Rest des Tages wird Ihnen umso leichter von der Hand gehen.

Loben Sie sich. Um Prokrastination in den Griff zu bekommen, ist Selbstdisziplin nötig, manchmal auch Druck. Umso wichtiger ist die Belohnung danach. Belohnen Sie sich für Teilerfolge. Denn fehlen positive Rückmeldungen, tendieren* Menschen dazu aufzugeben. Umgekehrt wirkt Wertschätzung enorm positiv, wie etwa Albert Bandura, Psychologie-Professor an der Stanford Universität, herausfand. Bei seinen Studien zeigte sich, dass sich die Gelobten anschließend höhere Ziele steckten und diesen sogar stärker verpflichtet fühlten. Vor allem aber unterstellen sie sich bessere Fähigkeiten – und das steigerte ihre Leistungen enorm.

2 Beantworte nun die Fragen (a–n) zum Text (S. 34 ff.) in Stichworten.

a) Mit welchem Wort wird „Prokrastination“ im Text übersetzt?

____

b) Woran kann man erkennen, ob man an Prokrastination leidet?

____

____

c) Wie viele Menschen sind weltweit davon betroffen?

____

d) Welche zwei Typen von „Prokrastinierern“ gibt es?

____

____

* **tendieren:** neigen zu

e) Welche sind die drei Kernprobleme von „Prokrastinierern“?

---

f) Wie sieht der Teufelskreis bei der „Prokrastination“ aus?

---

g) Was besagt die „72-Stunden-Regel“?

---

h) Erkläre das „OHIO-Prinzip“.

---

i) Wie kann der „Prokrastinierer“ sich sein Verhalten bewusst machen?

---

j) Wie kann man dem „Fluchtreflex“ entgegenwirken?

---

k) Warum ist Perfektionismus eher schädlich?

---

l) Welche Aufgaben sollte man direkt zu Beginn der Arbeit erledigen?

---

m) Warum sind Belohnung und Lob so wichtig?

n) Welche/n der Tipps sollte man auswählen?

3 Schreibe nun selbst einen kurzen Artikel zum Thema „Prokrastination" für eure Schülerzeitung.

- Übernimm dafür die Informationen und Tipps aus dem Zeitungsartikel (S. 34 ff.) und gestalte sie inhaltlich und sprachlich so um, dass sie zur Zielgruppe der Schülerinnen und Schüler passen.
- Überlege dir auch typische Beispiele für das „Prokrastinieren" von Schülern. Die folgenden Stichworte können dir helfen.

Klassenarbeiten vorbereiten *Hausaufgaben erledigen*

sich in sozialen Netzwerken aufhalten *sein Profil bearbeiten*

Filme auf Youtube anschauen *Zimmer aufräumen*

simsen *bei der Hausarbeit helfen* *E-Mails abfragen*

mit den Geschwistern spielen *telefonieren*

Vielleicht hast du schon einmal ein Praktikum absolviert oder einen Ferienjob ausgeübt. Aber in einem „Workcamp“ bist du sicherlich noch nie gewesen – dabei bietet ein „Workcamp“ ausgezeichnete Möglichkeiten, die Welt zu entdecken, sich zu engagieren und seine Stärken und Schwächen kennen zu lernen.

1 Lies den folgenden Artikel.
Mache zu jedem Absatz Notizen zum Inhalt.

Aliki Nassoufis

In Workcamps Ferien und Arbeit verbinden

Für ein paar Wochen engagieren sich Jugendliche dort für ökologische, kulturelle oder soziale Projekte. Geld bekommt man keins, aber jede Menge Erfahrung. […]

Neue Lebenserfahrung

„In Workcamps leben Jugendliche und junge Erwachsene im Alter von etwa 15 bis 26 Jahren meist für zwei bis vier Wochen zusammen und unterstützen mit ihrer Arbeitskraft ein gemeinnütziges* und sinnvolles Projekt“, erklärt Arno Thomas, Vertreter der Trägerkonferenz der Internationalen Jugendgemeinschafts- und Jugendsozialdienste in Bonn. „Außerdem verbringen sie ihre Freizeit zusammen, lernen eine fremde Kultur kennen und können neue Freunde gewinnen.“
Die Idee sei, fernab* von Eltern und Schule ganz neue Lebenserfahrungen zu sammeln.
Dabei gibt es verschiedene Arten von Workcamps. „Zum einen werden Projekte zu ökologischen* oder Naturschutz-Themen angeboten“, sagt Thomas. Dazu zählen Arbeiten in einem Regenwald in Lateinamerika, in einem Trockenmoor in Spanien oder zur Renaturierung* eines Baches in Frankreich. International besetzte Workcamps finden auch in Deutschland statt.

* **gemeinnützig:** nützlich für die Gesellschaft

* **fernab:** weit entfernt

* **ökologisch:** die Umwelt betreffend

* **die Renaturierung:** wieder in den natürlichen Zustand versetzen

Soziale Themen

Andere Camps legen ihren Schwerpunkt auf soziale Themen. „Das kann die Arbeit mit älteren Menschen, Kindern oder Menschen mit Behinderungen sein", erklärt Thomas. Der dritte Themenkomplex* sind Projekte zur Restaurierung* oder Renovierung, zum Beispiel von denkmalgeschützten Gebäuden oder in die Jahre gekommenen Spielplätzen und Kindergärten. Außerdem gibt es als vierte Säule Studycamps*, etwa Theater- und Medienwerkstätten, in denen die Jugendlichen beispielsweise für lokale* Radio- oder Fernsehsender Beiträge produzieren. Einer der als gemeinnützig registrierten Anbieter sind die *ijgd* – kurz für „Internationale Jugendgemeinschaftsdienste" aus Berlin. „Wir bieten Workcamps in Deutschland und im Ausland an", erklärt Sprecherin Sylva Ullmann. In beiden Fällen kommen Jugendliche aus verschiedenen Ländern zusammen. „Englisch ist dann meist die Campsprache."

Ullmann bezeichnet die Projekte als „Mittelding zwischen Ferienjob und Bildungsreise". Immerhin müssten die Teilnehmer bereit sein, bis zu fünf Stunden am Tag an einem gemeinnützigen Projekt zu arbeiten. Geld bekommen sie keins – dafür sind die Unterkunft und die Verpflegung kostenfrei. Außerdem sind die Wochenenden und mehrere Stunden des Tages frei. „Häufig wird dann gemeinsam etwas unternommen, oft organisieren die Partner vor Ort spannende Ausflüge oder Ähnliches." [...]

Die Kosten für die An- und Abreise müssen von den Teilnehmern gezahlt werden.

Die Voraussetzungen, um an einem Workcamp teilnehmen zu können, sind meist vergleichbar. „Man sollte bereit sein, sich auf Neues und andere Leute einzulassen", sagt *ijgd*-Sprecherin Ullmann. Dazu gehöre das Interesse, fremde Kulturen kennen zu lernen. Aber auch, sich auf die anderen Gruppenmitglieder einzustellen. „Die Teams müssen immerhin miteinander arbeiten, sich überlegen, was sie wann und wie machen wollen, und müssen nach der Arbeit klären, wer einkaufen geht, wer kocht und wer fürs Putzen zuständig ist."

Das lohnt sich aber, wie Ullmann findet. „Workcamps sind eine tolle Möglichkeit, Neues kennen zu lernen und sich selbst einen großen Schritt zu entwickeln."

* **der Komplex:** der Zusammenhang

* **die Restaurierung:** wieder in den ursprünglichen Zustand versetzen

* **study:** engl. für studieren

* **lokale:** örtliche

2 **a)** Fülle nun mit Hilfe deiner Randnotizen die Mindmap aus.

b) Recherchiere, z. B. im Internet, wann die Camps in der Regel stattfinden und was man bei der Anmeldung beachten muss.

c) Ergänze deine recherchierten Informationen in der Mindmap.

3 Welche Argumente sprechen deiner Ansicht nach für eine Teilnahme an einem Workcamp und welche dagegen?
Sammle die Argumente stichwortartig in der Tabelle.

Argumente für die Teilnahme an einem Workcamp	Argumente gegen die Teilnahme an einem Workcamp

4 Würdest du persönlich an einem Workcamp teilnehmen?
Schreibe eine kurze Stellungnahme mit Begründung in dein Heft.

Ich könnte mir (nicht) vorstellen, an einem Workcamp teilzunehmen, weil ...

Mit der Frage nach dem richtigen Beruf beschäftigt sich Fritz Kocher – eine Schülerfigur, erschaffen vom Schriftsteller Robert Walser Anfang des 20. Jahrhunderts. Diese Schülerfigur hält in ihren „Aufsätzen" ihre Ideen und Gedanken fest.

1 Lies die Erzählung und fasse in eigenen Worten kurz zusammen, worum es geht.

Robert Walser

Fritz Kochers Aufsätze – Der Beruf

Um in der Welt ein rechtschaffenes* Leben führen zu können, muss man einen Beruf haben. Man kann nicht nur so in den Tag hineinarbeiten. Die Arbeit muss ihren bestimmten Charakter und einen Zweck haben, zu dem sie führen soll. Um das zu erreichen, wählt man einen Beruf. Dies geschieht, wenn man aus der Schule tritt, und mit diesem Ereignisse ist man ein erwachsener Mensch, das heißt, nun hat man eine andere Schule vor sich: das Leben. Das Leben sei ein strenger Schulmeister, sagen sie einem, und das muss wahr sein, weil es eine allgemeine Ansicht ist. Wir dürfen nach unserer Lust den Beruf wählen, und wo wir das nicht dürfen, tut man uns unrecht. Ich habe zu allen möglichen Berufen Lust. Da ist das Wählen eine schwere Sache. Ich glaube, ich tue am besten, wenn ich irgendeinen, vielleicht den erstbesten ergreife, ihn erprobe, und, wenn ich ihn satt habe, fortwerfe. Kann man denn überhaupt wissen, wie es innerhalb eines Berufes aussieht? Ich denke, das muss man doch zuerst erfahren. Unerfahrene Geister, wie wir sind, können vor kein Urteil gestellt werden, ohne sich glänzend zu blamieren. Das ist durchaus Geschmack und Sache unserer Eltern, uns einen Beruf auszusuchen. Sie wissen am besten, wozu wir taugen*. Taugen wir zu Besserem, als wozu sie uns fürs Leben bestimmt haben, so ist später immer Zeit umzusatteln. Man sinkt deshalb noch nicht zum Sattler* hinunter. Nein, Unrecht geschieht uns in diesem Falle selten. – Nun, mein Geschmack wäre

* **rechtschaffen:** geordnet, fleißig

* **zu etwas taugen:** zu etwas in der Lage sein, fähig sein

* **der Sattler:** Handwerker, der Gegenstände aus Leder für Tiere, z. B. Sättel, anfertigt

ein Schiffskapitän. Aber ich frage mich, ob meine Eltern mit diesem Wunsch einverstanden sind. Sie lieben mich sehr, und sie würden besorgt sein um mich, wenn sie mich den Stürmen des Meeres ausgesetzt wüssten. Das Beste wäre freilich, heimlich durchzubrennen. So zur Nachtzeit, durchs Fenster, an einem Seil herabgelassen und – ade. Aber nein! Meine Eltern habe ich nicht den Mut zu hintergehen, und wer weiß, ob ich überhaupt das Zeug zu einem Schiffskapitän habe. Schlosser*, Schreiner oder Drechsler* will ich nicht werden. Für einen Aufsatzschreiber von meiner Qualität ziemt* sich kein solches Handwerk. Buchbinder wäre hübsch, aber meine Eltern werden es nicht zugeben wollen, weil ich ihnen, das weiß ich, viel zu gut dafür bin. Sie sollen mich nur nicht studieren lassen, ich würde verkommen*. Zum Arzt habe ich keine Lust, zum Pfarrer kein Talent, zum Juristen kein Sitzleder* und Lehrer werden ... ich möchte lieber sterben. Unsere Lehrer zum Mindesten sind alle nicht glücklich, man sieht es ihnen an. Förster möchte ich werden. Ich würde mir ein kleines efeuumranktes Haus am Waldrand bauen und den Tag lang bis in die Nacht im Wald umherschweifen. Vielleicht käme mir es mit der Zeit auch langweilig vor und ich sehnte mich nach großen eleganten Städten. Als Dichter möchte ich in Paris, als Musiker in Berlin, als Kaufmann nirgends leben. Man tue mich nur in ein Bureau* und erfahre dann das Weitere. Nun habe ich noch eines auf der Seele: Gaukler* sein wäre schön. Ein berühmter Seiltänzer, Feuerwerk hinten auf dem Rücken, Sterne über mir, einen Abgrund neben und so eine feine schmale Bahn vor mir zum Schreiten*. – Clown? Ja, ich fühle, ich habe zum Spaßmachen Talent. Aber den Eltern würde es Kummer bereiten, mich auf der Bühne zu wissen mit einer rotbemalten langen Nase und mehlbestreuten Wangen und im weiten lächerlichen Anzug. – Was nun denn? Daheim bleiben und greinen*? Das niemals. Eins ist sicher, mir ist nicht bang vor Berufen. Es gibt so viele.

* **der Schlosser:** Metallhandwerker

* **der Drechsler:** Handwerker, der Holz bearbeitet

* **sich ziemen:** sich gehören

* **verkommen:** hier: ein schlechter Mensch werden

* **Sitzleder haben:** hier: Ausdauer zum Lernen haben

* **das Bureau:** alte Schreibweise von Büro

* **der Gaukler:** Unterhaltungskünstler in früheren Zeiten

* **schreiten:** langsam und vornehm gehen

* **greinen:** jammern

2 Lies den Text ein zweites Mal und bearbeite im Anschluss die folgenden Aufgaben.

a) Der Text beschäftigt sich zwar mit einem modernen Thema – der Berufswahl –, dennoch kann man an einigen Stellen sein Alter (über 100 Jahre) erkennen.
Unterstreiche zwei solche Textstellen in Rot. Erkläre deine Wahl.

b) An einigen Stellen ist der Text nicht ernst, sondern ironisch gemeint. Der Verfasser meint also das Gegenteil von dem, was er schreibt. Unterstreiche zwei dieser Textstellen in Grün. Erkläre deine Wahl.

c) Zu Beginn des Textes erklärt Fritz Kocher, warum er sich Gedanken über Berufe macht. Ergänze seine Gedankenkette.

rechtschaffenes Leben → ____________________ → ____________________

nach der Schule: ____________________ → ____________________

3 Im Text werden viele Berufe und Kochers Ansichten zu ihnen aufgelistet. Ordne in der Übersicht auf Seite 47 Kochers Ansichten mit Pfeilen den jeweiligen Berufen zu.

4 Wie stellst du dir die Figur Fritz Kocher vor, nachdem du seinen „Aufsatz“ über Berufe gelesen hast? Schreibe deine Ideen auf.

5 Schreibe einen Paralleltext zu Fritz Kochers „Aufsatz“, in dem du erzählst, wie sich deine Berufswahl heute gestaltet.
Gehe dabei auf folgende Fragen ein:
- Warum erlernt man heutzutage einen Beruf?
- Wie geht man bei der Berufswahl vor?
- Wie ist die Rolle der Eltern und der Schule dabei?
- Welche Berufe kommen für dich in Frage und welche gar nicht?

So könntest du beginnen:

Um heutzutage ein ausgefülltes Leben zu führen ...

Um heutzutage einen Beruf zu finden, der einem Spaß macht ...

Fritz Kochers Ansichten zu einzelnen Berufen:

Schiffskapitän		keine Lust
Handwerker (Schlosser, Schreiner, Drechsler)		schön, aber gefährlich
Buchbinder		sehen unglücklich aus
Arzt		nirgendwo möglich
Pfarrer		in Berlin leben
Jurist		den ganzen Tag im Wald verbringen, aber mit der Zeit vielleicht langweilig
Lehrer		Spaß für ihn, Kummer für die Eltern
Förster		keine Ausdauer
Dichter		besser nicht, weil er eher ein Aufsatzschreiber ist
Musiker		aufregend, aber Eltern wären in Sorge, ihm fehlt auch der Mut dazu
Kaufmann		kein Talent
Gaukler		in Paris leben
Clown		hübscher Beruf, aber Eltern sind dagegen

6 Für Fritz Kocher ist es undenkbar, im Büro zu arbeiten. Welche Vorstellungen hast du von einer Arbeit im Büro? Schreibe deine Gedanken ungeordnet auf ein weißes Blatt.

1 **a)** Das folgende Gedicht hat den Titel „Schnee im Büro“. Was fällt dir zu diesem Titel ein? Schreibe Stichworte.

b) Lies nun das Gedicht und notiere deinen ersten Eindruck.

c) Passt dieser erste Eindruck zu deinen Stichworten zu Aufgabe a)? Begründe.

Jürgen Theobaldy

Schnee im Büro

Eine gewisse Sehnsucht nach Palmen. Hier
ist es kalt, aber nicht nur. Deine Küsse
am Morgen sind wenig, später sitze ich
acht Stunden hier im Büro. Auch du
bist eingesperrt, und wir dürfen nicht
miteinander telefonieren. Den Hörer abnehmen
und lauschen? Telefon, warum schlägt
dein Puls nur für andere? Jemand fragt:
„Wie geht's?“, wartet die Antwort nicht ab
und ist aus dem Zimmer.
Was kann Liebe bewegen? Ich berechne
Preise und werde berechnet. All die Ersatzteile,
die Kesselglieder*, Ölbrenner*, sie gehen
durch meinen Kopf als Zahlen, weiter nichts.
Und ich gehe durch jemand hindurch
als Zahl. Aber am Abend komme ich zu dir
mit allem, was ich bin. Lese von
Wissenschaftlern: auch die Liebe ist
ein Produktionsverhältnis. Und wo sind
die Palmen? Die Palmen zeigen sich am Strand
einer Ansichtskarte, wir liegen auf dem Rücken
und betrachten sie. Am Morgen kehren wir
ins Büro zurück, jeder an seinen Platz.
Er hat eine Nummer, wie das Telefon.

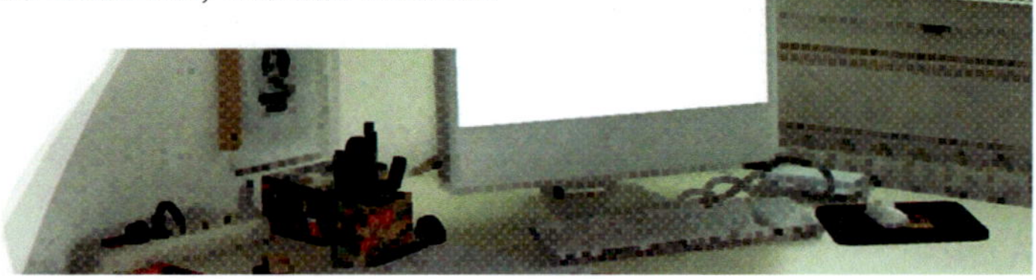

* **Kesselglieder, Ölbrenner:** Teile von Heizanlagen

2 In dem Gedicht erfahren wir einiges über die Lebenssituation des lyrischen Ich. Schreibe Stichworte zum Berufsleben und zum Privatleben des lyrischen Ich in die Tabelle.

Berufsleben	**Privatleben**
______________________	______________________
______________________	______________________
______________________	______________________
______________________	______________________
______________________	______________________
______________________	______________________

3 **a)** Neben dem „Schnee“ kommt auch das Wort „Palmen“ mehrmals im Gedicht vor. Notiere in deinem Heft, was du mit „Palmen“ verbindest.

b) In welchem Zusammenhang wird das Wort „Palmen“ im Gedicht verwendet? Nenne Textstellen als Beleg.

4 Welche der folgenden Begriffe beschreiben das lyrische Ich deiner Ansicht nach am besten? Markiere sie und begründe deine Einschätzung mit einem kurzen Text.

verträumt *traurig* *zerrissen* *deprimiert*

sehnsuchtsvoll *realistisch* *enttäuscht* *glücklich*

5 Betrachte nun noch einmal deine Notizen zu den Aufgaben 1–4. Welche Gesamtaussage hat das Gedicht für dich?
Schreibe einen kurzen Text dazu. Gehe in deinem Text auf die folgenden vier Schlüsselbegriffe des Gedichts ein.

Büroalltag *Schnee* *Palmen* *Liebe*

Nicht mehr im Büro befinden sich die sieben „Top Dogs“ (Führungskräfte, Topmanager) aus dem gleichnamigen Theaterstück von Urs Widmer. Sie wurden nämlich von ihrer Firma entlassen und befinden sich nun in den Räumen eines sogenannten Outplacementcenters (Arbeitsvermittlung, die von Unternehmen für entlassene Mitarbeiter bezahlt wird, damit diese Hilfe zur beruflichen Neuorientierung erhalten). Nur einer – Herr Deér – hat noch nicht verstanden, dass er arbeitslos ist. Frau Wrage – die Arbeitsvermittlerin – versucht, ihm seine Situation zu erklären. Um sie herum stehen die anderen sechs Top Dogs.

1 Lies den Text zunächst allein für dich.
Notiere anschließend, was du verstanden hast.

Urs Widmer

Top Dogs – Auszug aus „1. Gipfelkonferenz“

Deér: Guten Tag, Frau Wrage.

Wrage: Ich bin Beraterin der NCC, „New Challenge Company“. Sie haben sich für die erste Begegnung just* unser wöchentliches informelles Treffen ausgesucht. Gut. Sehr gut. Wir nennen das die Gipfelkonferenz. Es gibt Gipfeli* für alle, Sie verstehen. Gipfelkonferenz.

* **just:** genau, gerade

* **das Gipfeli:** Schweizer Wort für Croissant

Deér: Sehr gut! *(Heiterkeit. Allerdings versteht Deér nur Bahnhof.)*

Wrage: Bedienen Sie sich. Es gibt auch Kaffee.

Deér: Danke. Die oberste Etage* hat mich gebeten, mit Ihnen Kontakt aufzunehmen. Wir hatten ein ausführliches Gespräch. War gut und intensiv. Doch. Haben nochmals die Probleme durchgesprochen, wie mein Arbeitsbereich im Catering* genauer definiert werden könnte. Und ich soll mich bei Ihnen kundig machen, inwieweit irgendein Synergieeffekt* zwischen meiner und Ihrer Arbeit herstellbar ist.

Wrage: Nun, im Groben wissen Sie natürlich Bescheid.

Deér: Sehr im Groben. Sie müssen mir das mal ganz genau erklären. Das mit Ihrer NCC lag am Schluss plötzlich auf dem Tisch, ziemlich abrupt.

Wrage: Deswegen sind Sie ja da, klar.

Deér: Ich sage meinen Mitarbeitern immer: Sie müssen mit der Lupe hinschauen. Der Teufel liegt im Detail. Und daran halte ich mich natürlich auch selbst.

Wrage: Herr Deér, die NCC ist eins der größten Outplacement-Unternehmen am Markt. […]

Deér: Verstehe.

Wrage: Wir haben Partner in zweiundzwanzig Ländern und können unsere Klienten* ALL OVER THE WORLD vermitteln. Nach allen Ländern der EU, Kenia, Mexiko, Japan. […]

Deér: Aha.

Wrage: Was alle Damen und Herren hier verbindet: Sie sind vom Verlust ihres Arbeitsplatzes betroffen und erwarten von uns eine optimale Unterstützung bei ihrer Karrierefortsetzung in einem anderen Unternehmen.

* **die oberste Etage:** die Chefetage
* **das Catering:** die Verpflegung
* **der Synergieeffekt:** positive Wirkungen einer Zusammenarbeit
* **der Klient:** der Kunde

Deér *nimmt die anderen wie neu wahr; als hätten sie die Lepra*:* Die da, die stehen alle auf der Straße?

Wrage: Hier ist jeder in der gleichen Lage.

Deér: Ja. Das kommt jetzt immer häufiger vor. [...]

Wrage: Ja.

Deér: Einzelne Fluktuationen* allenfalls.

Wrage: Gut. – 1986 vermittelten wir ganze fünfzehn Herren! Waren bereits zwei Damen unter den Herren. *Kleine Heiterkeit.* Heute haben wir mehr als neunhundert Klientinnen und Klienten per annum*, und wir haben unsre Tätigkeit auch auf nicht deutlich qualifizierte Arbeitsplätze aus dem untern Segment* ausgedehnt. Wir bieten jetzt dreitägige Crash-Programme in Gruppen an, für eine erfolgreiche berufliche Neuorientierung auch im LOW-SALARY-Bereich.

Deér: Die da?

Wrage: Nein, nein. Die Damen und Herren haben alle der Leitungsebene angehört. „Top Dogs". Ihre Preisklasse, wenn ich das mal so flapsig sagen darf. Unser Kerngeschäft bleibt die intensive Arbeit mit Klienten wie Ihnen. *Deér versteht „wie ihnen", das heißt, wie mit denen da, nickt anteilnehmend.* Wir führen sogar das SENIOR-EXECUTIVE-PROGRAMM, das von Konzernchefs in Anspruch genommen wird. Stellenlos gewordene Persönlichkeiten der Führungsspitze.

* **die Lepra:** schwere, ansteckende Erkrankung

* **die Fluktuation:** Schwankung, Wechsel, hier besonders Entlassungen von Mitarbeitern

* **per annum:** jährlich

* **das Segment:** der Teil, der Bereich

Deér: Musste ja selber Mitarbeiter entlassen. Als wir das Catering auslagerten, neunzehnhundertzweiundneunzig, haben wir mehr als tausend Stellen abgebaut. Gute Leute, waren zum Teil seit Jahren dabei gewesen. Ist ein menschliches Problem, so was. [...]

Wrage: Ich muss sagen, Herr Deér. CHAPEAU!* Aber eigentlich schüttelt es jeden. *Pause.* Entscheidend für unsre erfolgreiche Arbeit ist, dass diese immer und in jedem Fall vom ehemaligen Arbeitgeber finanziert wird. [...]

Deér *vertraulich:* Denen da gebe ich keine Chance. Zu alt, zu unbeweglich, zu teuer.

Wrage: Sagen Sie das nicht. Wir hatten einen Herrn, Mitte fünfzig, der tauchte fünfmal wieder hier auf. [...] Heute ist er Direktor eines führenden Touristikunternehmens und verbringt die meiste Zeit an sonnenüberfluteten Sandstränden. *Heiterkeit.*

Deér: Ist bei mir nicht drin, Ferien. Bin ja ursprünglich Maschinen-ingenieur. Workaholic. Dass ich bei der Swissair* gelandet bin, an der Front zuerst, dann im Catering, hat sicher damit zu tun. Sechzehnstundentage. Wer beim Catering dabei sein will, muss Tag und Nacht am Ball sein. „Lead, follow or get out of the way", nicht wahr. *Lacht.*

Wrage: Gut. Wie im Konkreten läuft also unsre gemeinsame Arbeit ab? Wir stellen unsern Klienten hier eine Infrastruktur* zur Verfügung, ähnlich der, die sie von ihrem frühern Arbeitgeber her gewöhnt sind. Computer, Fax, Telefon, Sekretariat für alle Schreibarbeiten, Fachliteratur, Kaffeemaschine und und und. Stellensuche ist ein Full-time-Job. Das werden Sie bald feststellen.

* **der Chapeau:** französisch wörtlich „Hut", heißt so viel wie Beifall, Kompliment

* **die Swissair:** Schweizer Fluglinie

* **die Infrastruktur:** Grundeinrichtungen, damit Gesellschaft und Wirtschaft funktionieren können

Deér: Ja, sicher. *Schweigen.* Kann ich mir vorstellen. *Schweigen.* Wieso werde ich das bald feststellen?

Wrage: Ja was denken Sie, weshalb Sie hier sind, Herr Deér?

Deér: Sagte ich Ihnen. Ich soll in Erfahrung bringen, inwieweit wir unsre Arbeitsbereiche füreinander nutzbar machen können.

Wrage: Wieso wohl zahlt Ihre Firma dreißigtausend Franken* dafür?

Deér: Wofür?

Wrage: Sie sind entlassen worden! Herr Deér! Entlassen!

Deér: Ich??!

Wrage: Ja. Sie.

2 **a)** Folgende schwer verständliche Wörter und Wendungen sind in den Worterklärungen nicht erläutert. Es sind Wörter aus der Sprache der Wirtschaft. Versuche, ihre Bedeutung aus dem Zusammenhang zu erschließen, oder recherchiere sie.

Top Dogs *New Challenge Company* *Outplacement*

Low-Salary-Bereich *Senior-Executive-Programm*

Workaholic *„Lead, follow or get out of the way."*

Fulltime-Job

b) Welche Funktion hat der Einsatz dieser Wörter und Wendungen im Text? Belege deine Einschätzung mit Textbeispielen.

3 Was für ein Mensch ist Herr Deér? Beschreibe ihn und seine Situation. Belege deine Aussagen mit passenden Textstellen.

4 Suche dir eine Lernpartnerin / einen Lernpartner. Teilt die Rollen unter euch auf und übt den Text so ein, dass ihr ihn mit dem Heft in der Hand vorspielen könnt. Überlegt also auch, wie ihr mit eurer Stimme, dem Gesichtsausdruck und der Körperhaltung arbeitet.

* **Franken:** Schweizer Währung

Die „Top Dogs“ sind nicht unbedingt Vorbilder für das Berufsleben. Vorbilder sind aber wichtig, erklärt der Autor und Karriereberater Martin Wehrle. Er veröffentlicht in der „Zeit-online“ unter der Überschrift „Das Zitat und Ihr Gewinn“ wöchentlich gute Tipps für den Erfolg im Beruf. Er ist außerdem Verfasser zahlreicher Bestseller.

1 **a)** Lies den Text von Martin Wehrle. Fasse die Aussage kurz zusammen.

b) Markiere Sinnabschnitte im Text und notiere zu jedem Sinnabschnitt die zentralen Aussagen.

Martin Wehrle

Das Zitat ... und Ihr Gewinn: Vorbilder

„Jeder Mensch suche sich Vorbilder! [...] Und es ist unwichtig, ob es sich dabei [...] um Mahatma Gandhi oder um Onkel Fritz aus Braunschweig handelt, wenn es nur ein Mensch ist, der im gegebenen Augenblick ohne Wimpernzucken gesagt oder getan hat, wovor wir zögern.“ *Erich Kästner*

Schon mal überlegt, wer Ihr Vorbild ist? Von Luther bis Lena, von Obama bis Opa, von Gottlieb Daimler bis Jack Welch reichen die Antworten. Jedes Vorbild kann eine Tür zu neuen Möglichkeiten öffnen. Wer seine persönlichen Werte aufspüren will oder in kniffligen Situationen souverän* handeln möchte, der kann sich von seinem Vorbild inspirieren lassen.
Aber wie können Sie diese Erkenntnis für Ihr Arbeitsleben nutzen? Schreiben Sie auf, was Sie an Ihrem Vorbild bewundern. Welche Glanztaten, welche Eigenschaften verbinden Sie mit ihm? Ich verspreche Ihnen: Alles, was Ihnen an einem anderen imponiert* – ob an Gandhi oder »Onkel Fritz aus Braunschweig«, wie Kästner schreibt –, schlummert auch in Ihnen; sonst würde es Sie nicht ansprechen.
Nun gehen Sie die Eigenschaften Ihres Vorbilds durch: Was fasziniert Sie daran? Und in welchen Situationen würde es Ihnen helfen, Ihr Verhalten mit einer kleinen Portion genau dieser Eigenschaft zu würzen?

* **souverän:** unabhängig

* **imponieren:** Eindruck machen

Vor ein paar Jahren habe ich einen Marketing-Fachmann beraten, der Martin Luther als mutigen Querdenker bewunderte. Er litt darunter, dass er im Alltag viel zu oft die Vorschläge anderer schluckte und eigene Ideen kampflos begrub. Ich fragte ihn: „Wie würde Luther in solchen Situationen handeln? Was würde er tun oder lassen? Welchen Ton anschlagen? Und mit welchen Argumenten die anderen überzeugen?“

Beim Rollenspiel, als Luther im Meeting, blühte mein Klient* auf: Seine Stimme, sonst eher hoch, nahm eine tiefere Klangfarbe an. Seine Argumente, sonst schwammig, wurden klar und messerscharf. Vor allem verströmte er eine mitreißende Selbstsicherheit.

Dieser Eindruck bestätigte sich, als er an seinem Arbeitsplatz erst Luther-Stunden, dann Luther-Tage einlegte – also Zeiträume, in denen er bewusst die positiven Eigenschaften seines Vorbilds aufgriff. Das gab ihm Mut, Selbstsicherheit und Orientierung. Der Mitläufer, der er nicht sein wollte, entwickelte sich zum Mitreißer.

Ob er Martin Luther wirklich ähnlicher wurde? Keine Ahnung. Aber er kam sich selbst näher, seinen Idealen und Möglichkeiten. Eine Stimmigkeit, zu der er dank seines Vorbilds fand.

2 Beantworte nun die Fragen mit Hilfe deiner Randnotizen. Schreibe ganze Sätze.

- Warum sind laut Wehrle Vorbilder wichtig?
- Wie können Vorbilder helfen?
- Welches Beispiel führt Wehrle an?
- Überzeugt dich Wehrles Tipp? Begründe deine Ansicht.

3 Wer könnte dein Vorbild sein? Gehe so vor, wie Martin Wehrle es vorschlägt: Schreibe auf, was du an dieser Person bewunderst. Überlege, was dich an diesen Eigenschaften fasziniert und in welcher Situation diese Eigenschaften für dich hilfreich sein könnten.

* **der Klient:** der Kunde